Nossa Senhora Rainha do Céu e da Terra

Elam de Almeida Pimentel

Nossa Senhora Rainha do Céu e da Terra

Novena e ladainha

EDITORA
VOZES

Petrópolis

© 2011, Editora Vozes Ltda.
Rua Frei Luís, 100
25689-900 Petrópolis, RJ
Internet: http://www.vozes.com.br

Todos os direitos reservados. Nenhuma parte desta obra poderá
ser reproduzida ou transmitida por qualquer forma e/ou
quaisquer meios (eletrônico ou mecânico, incluindo fotocópia e
gravação) ou arquivada em qualquer sistema ou banco de dados
sem permissão escrita da Editora.

Diretor editorial
Frei Antônio Moser

Editores
Aline dos Santos Carneiro
José Maria da Silva
Lídio Peretti
Marilac Loraine Oleniki

Secretário executivo
João Batista Kreuch

Editoração: Fernando Sergio Olivetti da Rocha
Projeto gráfico: Sheilandre Desenv. Gráfico
Capa: Omar Santos

ISBN 978-85-326-4196-0

Editado conforme o novo acordo ortográfico.

Este livro foi composto e impresso pela
Editora Vozes Ltda.

Sumário

1 Apresentação, 7
2 Histórico, 9
3 Novena de Nossa Senhora Rainha, 11
    1º dia, 11
    2º dia, 13
    3º dia, 15
    4º dia, 16
    5º dia, 18
    6º dia, 19
    7º dia, 21
    8º dia, 22
    9º dia, 24
4 Oração a Nossa Senhora Rainha, 27
5 Ladainha de Nossa Senhora Rainha, 29

Apresentação

A denominação Nossa Senhora Rainha é o reconhecimento de Nossa Senhora como mãe e serva perfeita de Deus, Senhor e Rei do Universo. É o reconhecimento de que Nossa Senhora foi uma servidora do Reino de Deus, uma vez que foi por meio dela que se instaurou o projeto de salvação da humanidade. Nossa Senhora se colocou junto a nós e intercede a Deus por nós. Ela, por meio de sua assunção, junto de Deus, tornou-se a rainha do céu e da terra. Nossa Senhora Rainha é festejada em 22 de agosto.

Este livrinho contém breve histórico, novena, oração e ladainha de Nossa Senhora Rainha, seguidos de uma oração para o pedido da graça especial, acompanhada de um Pai-nosso, uma Ave-Maria e um Glória-ao-Pai.

Histórico

Nossa Senhora foi assunta ao céu em corpo e alma. Este dogma da assunção foi proclamado em meados do século XX, mas, desde os primeiros séculos, os "Santos Padres" e "Doutores da Igreja" já manifestavam sua fé neste sentido.

São João Damasceno (século VII) disse: "Convinha que aquela que no parto havia conservado a integridade de sua virgindade conservasse sem nenhuma corrupção seu corpo, depois da morte".

São Germano de Constantinopla (século VII) disse: "Assim como um filho busca estar com a própria mãe, e a mãe anseia viver com o filho, assim foi justo também que tu, que amavas com um coração materno a teu Filho, Deus, voltasse a Ele".

Os dogmas marianos têm sua origem no fato de que Maria é a mãe de Jesus e mãe de todos nós. Ela é invocada como advogada, auxiliadora, protetora, medianeira. Desde criança, aprendemos a rezar a Ave-Maria e a Salve-Rainha, mãe de misericórdia. Nossa Senhora é invocada como rainha na ladainha: Rainha dos Patriarcas, dos Profetas, das Virgens, dos Mártires, dos Anjos e Santos.

Em 1º de dezembro de 1950 o Papa Pio XII proclamou solenemente o dogma da Assunção de Maria ao céu: "Proclamamos, declaramos e definimos ser dogma divinamente revelado que a Imaculada Mãe de Deus, sempre Virgem Maria, cumprindo o curso de sua vida terrena, foi assunta em corpo e alma à glória celeste".

O título de Nossa Senhora Rainha oficialmente foi instituído pelo Papa Pio XII que, em 1955, fixou esta festividade para o dia 31 de maio, sendo que, posteriormente, a data foi alterada para o dia 22 de agosto.

Novena de Nossa Senhora Rainha

1º dia

Iniciemos com fé este primeiro dia de nossa novena, invocando a presença da Santíssima Trindade: em nome do Pai, do Filho e do Espírito Santo. Amém.

Leitura do Evangelho: Lc 1,28-33

> Entretanto, onde ela estava, o anjo lhe disse: "Alegra-te, cheia de graça, o Senhor está contigo!" Ao ouvir as palavras, ela se perturbou e refletia no que poderia significar a saudação. Mas o anjo lhe falou: "Não tenhas medo, Maria, porque encontraste graça diante de Deus. Eis que conceberás e darás à luz um filho e lhe porás o nome de Jesus! Ele será grande e será chamado Filho do Altíssimo. O Senhor Deus lhe dará o trono de Davi,

seu pai. Ele reinará na casa de Jacó pelos séculos e seu reino não terá fim".

Reflexão

"Alegra-te, cheia de graça, o Senhor está contigo!" Ao saudar Maria, o anjo fez uma reverência, curvando-se perante ela. O anjo sabia que estava diante de uma rainha que encontrou graça diante de Deus para ser a mãe de seu Filho. Assim Maria é rainha desde o momento em que foi escolhida e aceitou ser a mãe do Rei do Universo. Rezemos a Maria, rainha de todos nós.

Oração

Ó Maria, sem pecado concebida!

És rainha do céu e da terra, gloriosa e digna rainha do universo a quem podemos invocar de dia e de noite, não só com o doce nome de mãe, mas também com o de rainha, como te saúdam no céu com alegria e amor todos os anjos e santos.

Nossa Senhora Rainha, enviai a luz divina para me ajudar a resolver... [falar a graça que se deseja alcançar].

Pai-nosso
Ave-Maria
Glória-ao-Pai

2º dia

Iniciemos com fé este segundo dia de
nossa novena, invocando a presença da Santíssima Trindade: em nome do Pai, do Filho
e do Espírito Santo. Amém.

Leitura do Evangelho: Lc 1,46-53

Então Maria disse: "Minha alma en-
grandece o Senhor e rejubila meu espírito em Deus, meu Salvador, porque olhou para a humildade de sua
serva. Eis que de agora em diante me
chamarão feliz todas as gerações, porque o Poderoso fez por mim grandes
coisas: O seu nome é santo. Sua misericórdia passa de geração em geração para os que o temem. Mostrou
o poder de seu braço e dispersou os
que se orgulham de seus planos. Der-
rubou os poderosos de seus tronos e
exaltou os humildes".

Reflexão

Desde o momento em que Maria aceitou ser mãe do Filho de Deus, tornou-se rainha de todos os que servem a Deus. São Bernardino de Sena, exaltando Maria, diz que "todas as criaturas que servem a Deus servem também a Maria. Por conseguinte, estão sujeitas ao domínio de Maria os anjos, os homens e todas as coisas do céu e da terra, porque tudo está sujeito ao império de Deus". O Evangelista Lucas nos mostra que o Senhor exalta os humildes ao escolher a humilde Maria como soberana do céu e da terra. Oremos a Maria, nossa humilde rainha.

Oração

Ó Maria, sem pecado concebida!

És rainha do céu e da terra, gloriosa e digna rainha do universo a quem podemos invocar de dia e de noite, não só com o doce nome de mãe, mas também com o de rainha, como te saúdam no céu com alegria e amor todos os anjos e santos.

Nossa Senhora Rainha, enviai a luz divina para me ajudar a resolver... [falar a graça que se deseja alcançar].

Pai-nosso
Ave-Maria
Glória-ao-Pai

3º dia

Iniciemos com fé este terceiro dia de nossa novena, invocando a presença da Santíssima Trindade: em nome do Pai, do Filho e do Espírito Santo. Amém.

Leitura bíblica: Sl 45,10

Filhas de reis estão com tuas joias / e, de pé à tua direita, a rainha com ouro de Ofir.

Reflexão

Nossa Senhora é ressaltada e colocada à direita de Deus. Sua pureza transcende à dos anjos. A sua união com Deus é grande e os dons recebidos do Espírito Santo e a maternidade da humanidade que lhe foi outorgada por Jesus fazem dela a advogada, a vitoriosa das causas perdidas.

Oração

Ó Maria, sem pecado concebida!

És rainha do céu e da terra, gloriosa e digna rainha do universo a quem podemos invocar de dia e de noite, não só com o doce nome de mãe, mas também com o de rainha, como te saúdam no céu com alegria e amor todos os anjos e santos.

Nossa Senhora Rainha, enviai a luz divina para me ajudar a resolver... [falar a graça que se deseja alcançar].

Pai-nosso

Ave-Maria

Glória-ao-Pai

4º dia

Iniciemos com fé este quarto dia de nossa novena, invocando a presença da Santíssima Trindade: em nome do Pai, do Filho e do Espírito Santo. Amém.

Leitura bíblica: Ct 2,2

Sim, como um lírio entre espinhos, / é minha amada entre as jovens.

Reflexão

A jovem que é citada em Cântico dos Cânticos é Nossa Senhora. Ela é o lírio entre os espinhos. Ela é exemplo de humildade, obediência, coragem, é o exemplo de vida. E é dela que nasce Aquele que é o Caminho, a Verdade e a Vida, que nos cobre com seu amor, perdão e misericórdia.

Oração

Ó Maria, sem pecado concebida!

És rainha do céu e da terra, gloriosa e digna rainha do universo a quem podemos invocar de dia e de noite, não só com o doce nome de mãe, mas também com o de rainha, como te saúdam no céu com alegria e amor todos os anjos e santos.

Nossa Senhora Rainha, enviai a luz divina para me ajudar a resolver... [falar a graça que se deseja alcançar].

Pai-nosso

Ave-Maria

Glória-ao-Pai

5º dia

Iniciemos com fé este quinto dia de nossa novena, invocando a presença da Santíssima Trindade: em nome do Pai, do Filho e do Espírito Santo. Amém.

Leitura bíblica: Ct 6,10

> Quem é esta que surge como a aurora, / bela como a lua, brilhante como o sol, / esplêndida como o céu estrelado?

Reflexão

Segundo a tradição, foi com estas palavras que os anjos receberam Nossa Senhora no céu, ao vê-la tão bela e gloriosa. Nossa Senhora é uma estrela, uma lua que nos guia, dando-nos força sempre. Nos momentos mais difíceis de nossa vida, ela está sempre de braços abertos, acolhendo-nos e ajudando-nos a curar nossas feridas.

Oração

Ó Maria, sem pecado concebida!

És rainha do céu e da terra, gloriosa e digna rainha do universo a quem podemos invocar de dia e de noite, não só com o doce nome de mãe, mas também com o de rainha, como te saúdam no céu com alegria e amor todos os anjos e santos.

Nossa Senhora Rainha, enviai a luz divina para me ajudar a resolver... [falar a graça que se deseja alcançar].

Pai-nosso

Ave-Maria

Glória-ao-Pai

6º dia

Iniciemos com fé este sexto dia de nossa novena, invocando a presença da Santíssima Trindade: em nome do Pai, do Filho e do Espírito Santo. Amém.

Leitura bíblica: Ap 12,1

Apareceu no céu um grande sinal: uma mulher vestida do sol, com a lua debaixo dos pés e na cabeça uma coroa de doze estrelas.

Reflexão

Maria tem seu reinado confirmado pela coroa de 12 estrelas. Maria é a base, o sustentáculo, o elo desta coroa que une as estrelas. É a mãe que protege a Igreja e todas as gerações. Maria é um sinal de esperança, de socorro para todos. Ela reina no céu e na terra e seu desejo, a exemplo dela, é que nos entreguemos com fé e confiança a Deus. Portanto vamos a Ela orar e pedir sua intercessão.

Oração

Ó Maria, sem pecado concebida!

És rainha do céu e da terra, gloriosa e digna rainha do universo a quem podemos invocar de dia e de noite, não só com o doce nome de mãe, mas também com o de rainha, como te saúdam no céu com alegria e amor todos os anjos e santos.

Nossa Senhora Rainha, enviai a luz divina para me ajudar a resolver... [falar a graça que se deseja alcançar].

Pai-nosso

Ave-Maria

Glória-ao-Pai

7º dia

Iniciemos com fé este sétimo dia de nossa novena, invocando a presença da Santíssima Trindade: em nome do Pai, do Filho e do Espírito Santo. Amém.

Leitura do Evangelho: Jo 19,25-27

Junto à cruz de Jesus estavam de pé sua mãe, a irmã de sua mãe, Maria de Cléofas e Maria Madalena. Vendo a mãe e, perto dela o discípulo a quem amava, Jesus disse para a mãe: "Mãe, aí está o teu filho". Depois disse para o discípulo: "Aí está a tua mãe". E, desde aquela hora, o discípulo tomou-a sob seus cuidados.

Reflexão

Jesus, na cruz, pronunciou palavras que manifestam o desejo da união de sua mãe com seu amado discípulo. A união de Maria e João, como mãe e filho, significa que para sempre Jesus continua vivo através de nós. Maria é a mãe de todos os que continuam a obra de Jesus.

Oração

Ó Maria, sem pecado concebida!

És rainha do céu e da terra, gloriosa e digna rainha do universo a quem podemos invocar de dia e de noite, não só com o doce nome de mãe, mas também com o de rainha, como te saúdam no céu com alegria e amor todos os anjos e santos.

Nossa Senhora Rainha, enviai a luz divina para me ajudar a resolver... [falar a graça que se deseja alcançar].

Pai-nosso

Ave-Maria

Glória-ao-Pai

8º dia

Iniciemos com fé este oitavo dia de nossa novena, invocando a presença da Santíssima Trindade: em nome do Pai, do Filho e do Espírito Santo. Amém.

Leitura do Evangelho: Jo 2,5

Sua mãe disse aos que estavam servindo: "Fazei tudo o que Ele vos disser".

Reflexão

Estas últimas palavras de Maria relatadas na Bíblia mostram o que Nossa Senhora quer de nós: que escutemos Jesus e que coloquemos seus ensinamentos em prática. Louvemos e agradeçamos a Deus a presença de Maria, Nossa Senhora Rainha do Céu e da Terra em nossa vida.

Oração

Ó Maria, sem pecado concebida!

És rainha do céu e da terra, gloriosa e digna rainha do universo a quem podemos invocar de dia e de noite, não só com o doce nome de mãe, mas também com o de rainha, como te saúdam no céu com alegria e amor todos os anjos e santos.

Nossa Senhora Rainha, enviai a luz divina para me ajudar a resolver... [falar a graça que se deseja alcançar].

Pai-nosso

Ave-Maria

Glória-ao-Pai

9º dia

Iniciemos com fé este nono dia de nossa novena, invocando a presença da Santíssima Trindade: em nome do Pai, do Filho e do Espírito Santo. Amém.

Leitura bíblica: At 1,14

> Todos permaneciam unânimes na oração com algumas mulheres, Maria, a mãe de Jesus, e seus irmãos.

Reflexão

A partir da hora em que João, o discípulo amado, recebeu Maria como mãe, tomou-a sob seus cuidados. Após a morte de Jesus, os apóstolos retornaram a Jerusalém. Todos eles se dedicavam à oração em conjunto e, no grupo, estavam Maria, a mãe de Jesus, e seus companheiros.

Maria se uniu aos que acreditavam em Jesus vivo e com eles recebeu o Espírito Santo, e se sente transformada e disposta a continuar a obra de seu Filho, com muito amor e muita fé.

A partir dos Atos, a Bíblia não menciona mais a presença de Maria. Diz a tradição que ela foi morar com João, em Éfeso (Turquia), e deve ter morrido lá: com todos os apóstolos junto dela. Após a sua morte, Maria é glorificada por anjos e santos e torna-se a rainha do céu e da terra.

Oração
Ó Maria, sem pecado concebida!

És rainha do céu e da terra, gloriosa e digna rainha do universo a quem podemos invocar de dia e de noite, não só com o doce nome de mãe, mas também com o de rainha, como te saúdam no céu com alegria e amor todos os anjos e santos.

Nossa Senhora Rainha, enviai a luz divina para me ajudar a resolver... [falar a graça que se deseja alcançar].

Pai-nosso
Ave-Maria
Glória-ao-Pai

Oração a Nossa Senhora Rainha

Nossa Senhora Rainha, mãe bendita de Jesus, nosso rei. Terminada vossa existência terrena, o Criador vos elevou ao paraíso e fostes coroada rainha dos anjos e santos, do céu e da terra.

Rogai por nós, para que, nesta vida, outro rei não tenhamos senão o vosso filho Jesus. Que Ele reine sobre nós, em nosso coração, em nosso lar, na Igreja e no mundo. Nossa fé e nosso amor, fecundos em obras, o proclamem como nosso soberano Senhor, e a vós, ó mãe bendita, como nossa senhora e rainha. Amém!

Ladainha de Nossa Senhora Rainha

Senhor, tende piedade de nós.
Jesus Cristo, tende piedade de nós.
Senhor, tende piedade de nós.

Jesus Cristo, ouvi-nos.
Jesus Cristo, atendei-nos.

Pai celeste, que sois Deus, tende piedade de nós.
Deus Filho, redentor do mundo, tende piedade de nós.
Deus Espírito Santo, que sois Deus, tende piedade de nós.
Santíssima Trindade, que sois um só Deus, tende piedade de nós.

Santa Maria, rogai por nós.

Nossa Senhora Rainha, rainha do céu e da terra, rogai por nós.

Nossa Senhora Rainha, mãe de Jesus, rogai por nós.

Nossa Senhora Rainha, mãe de misericórdia, rogai por nós.

Nossa Senhora Rainha, dos Anjos e Santos, rogai por nós.

Nossa Senhora Rainha, mãe de todos nós, rogai por nós.

Nossa Senhora Rainha, mãe poderosa, rogai por nós.

Nossa Senhora Rainha, mãe santíssima, rogai por nós.

Nossa Senhora Rainha, mãe da Igreja, rogai por nós.

Nossa Senhora Rainha, mãe gloriosa, rogai por nós.

Nossa Senhora Rainha, celeste aurora, rogai por nós.

Nossa Senhora Rainha, socorro dos infelizes, rogai por nós.

Nossa Senhora Rainha, refúgio dos pecadores, rogai por nós.

Nossa Senhora Rainha, mãe e senhora nossa, rogai por nós.

Nossa Senhora Rainha, santíssima virgem, rogai por nós.

Cordeiro de Deus, que tirais o pecado do mundo, perdoai-nos, Senhor.
Cordeiro de Deus, que tirais o pecado do mundo, ouvi-nos, Senhor.
Cordeiro de Deus, que tirais o pecado do mundo, tende piedade de nós, Senhor.

Jesus Cristo, ouvi-nos.
Jesus Cristo, atendei-nos.

Rogai por nós, Nossa Senhora Rainha,
Para que sejamos dignos das promessas de Cristo.

Editorial

CULTURAL
CATEQUÉTICO PASTORAL
TEOLÓGICO ESPIRITUAL
REVISTAS
PRODUTOS SAZONAIS
VOZES NOBILIS

CADASTRE-SE
www.vozes.com.br

EDITORA VOZES LTDA.
Rua Frei Luís, 100 – Centro – Cep 25689-900 – Petrópolis, RJ
Tel.: (24) 2233-9000 – Fax: (24) 2231-4676 – E-mail: vendas@vozes.com.br

UNIDADES NO BRASIL: Aparecida, SP – Belo Horizonte, MG – Boa Vista, RR – Brasília, DF –
Campinas, SP – Campos dos Goytacazes, RJ – Cuiabá, MT –
Curitiba, PR – Florianópolis, SC – Fortaleza, CE – Goiânia, GO – Juiz de Fora, MG –
Londrina, PR – Manaus, AM – Natal, RN – Petrópolis, RJ – Porto Alegre, RS –
Recife, PE – Rio de Janeiro, RJ – Salvador, BA – São Luís, MA – São Paulo, SP
UNIDADE NO EXTERIOR: Lisboa – Portugal